STUMMGELEBT

herausgegeben von
Stephanie Mattner &
Peer de Beer

Sternen Blick

Bibliografische Information der Deutschen Nationalbibliothek:
Die Deutsche Nationalbibliothek verzeichnet diese Publikation in der Deutschen Nationalbibliografie; detaillierte bibliografische Daten sind im Internet über http://dnb.d-nb.de abrufbar.

Impressum

Copyright © 2015

Herausgegeben
von

Sternen Blick

www.sternenblick.org
Kontakt: sternenblick.org@web.de

Herausgeber:
Stephanie Mattner & Peer de Beer

Cover- & Buchgestaltung:
Stephanie Mattner

Coverbild: © rangizzz - fotolia.com
Kapitelbild 1 & 3: © laurafaraci - fotolia.com
Kapitelbild 2: © MamabaB - fotolia.com

Herstellung und Verlag:
BoD - Books on Demand, Norderstedt

ISBN: 9783738649260

Vom Nachklang stummer Worte

Worte sind Macht – und vergehen doch mit ihrem Hauch. Sie klingen nach, erschüttern Herzen und bewegen Menschen.

Sind sie auch nur Klang, so bringen sie doch zum Klingen, schwingen mit und können Fenster und Türen öffnen für eine andere Sicht.

Worte sind vergänglich – und doch können nicht gesprochene Worte in uns nachbeben, bis wir selbst vergehen – wortlos.

Nicht gesprochene Worte des Herzens sind vergebene Chancen der Liebe, verlorene Momente des Glücks, verpasste Begegnungen und stumm gebliebene Augenblicke der Wahrheit.

Die Poeten dieses Bandes machen sich daran, diesen Worten eine Heimat zu geben und dem Schweigen eine Stimme zu verleihen, sie lassen die Stille tönen – laut und leise, zart wie hart, melancholisch, klar und schimmernd wie ein Kristall.

Worte zwischen Menschen sind der Unterschied zwischen Heimat und Fremde, zwischen Vertreibung und Ankommen, zwischen Mut und Verzweiflung.

Poesie ist der lebendige Versuch, dem Augenblick einen Klang zu geben, der Wirklichkeit einen Ort und dem Moment eine Wahrheit, die diesen überdauert.

Poesie ist nur Klang
und doch tönt in ihr
aller Seelen Gesang
sie weiß um die Wahrheit
im Loslassen das Halten zu üben
und im Gehen das Lieben

Aber hier, in diesen Zeilen, da beschränken wir uns nicht,

auf die hohlen, ollen Phrasen, nein, wir fliegen in das Licht,

wie die Fliegen und verbrennen und erkennen unser Glück,

das zu sagen, was wir meinen, offen, ehrlich, und verrückt!

Artem Zolotarov

KAPITEL 1

MARIONETTENTANZ

Michael Pilath
FRAGMENT

hast deine Worte verloren,
ihren Atem vergessen,
ihren Geschmack verschluckt,
spürst nicht mehr den Klang,
dein Mund ist verstummt,
deine Augen geschlossen,
deine Ohren taub,
vergessen die Zeit,
entwurzelt,
hast
deine Worte
verloren

Ingrid Herta Drewing
FREMDBESTIMMT

Sind wir zu satt und matt, uns zu empören,
die Hände vor den Augen, spielend blind,
weil wir uns fast schon selbst nicht mehr gehören,
und längst verbucht, verkauft, vermarktet sind?

Ein jeder unsrer Schritte wird geortet,
das Navi sucht uns passend' Wege aus.
Wir werden gläsern, ahnungslos gehortet
und rufen die Gespenster noch ins Haus.

Wir hängen in der netten Spinne Netze,
die unsichtbar in ihren Bann uns zieht.
Willfährig sind wir ihre Beute, Schätze,
die dafür sorgen, dass ihr Mammon blüht.

Entflechten sich, selbst denken, sich befreien!
Die neue Aufklärung stünd' zu Gebot;
die Fäden lösen, Leben nicht verleihen,
entkommen einem Marionettentod.

Daniel Mylow
ALLES WIE IMMER

morgens ist alles wie immer
rauch steht in der luft
und deine lebensgeschichte
verliert sich zwischen den schlagzeilen
über steuererhöhungen
und dem abbau von sozialleistungen

die wahlplakate weisen noch immer
frieden als freiheit aus
auf deinem täglichen gang
durch die regenstadt
wo die schaufenster
gefühle wie paradiese ausleuchten
davor verstreicht ein bettler
sein erbrochenes auf dem asphalt

mittags sehe ich mich noch
und ich sehe mich nicht
fremd wie der abglanz des himmels
auf den fassaden der bürotürme
fremd wie die reglosen gesichter
der menschen in der u-bahn

abends ist alles wie immer
der döner schmeckt nach versprechen
im suff höre ich dem regen zu
er wäscht die paradiese blank
und zwischen sportschau und lottozahlen
suche ich die straße nach süden

Ben Kretlow
IM GEFÜGE

Sie warten hier auf mich. Ich werde beschattet
in meinem eigenen Innenhaus. Betonwände haben
sie hochgezogen, und meterhoher Stachelzaun umschließt
jetzt das Gebäude. Ich komm hier nicht mehr raus.
Wenn sie mich beobachten, beraten sie über meine zu-
künftige Rolle in ihren Plänen und verschleiern sich selbst
in ihren Machenschaften. Dabei wechseln sie sich freudig
beim Fäden-Ziehen ab, und meine Arme und Beine
ragen ruckartig nacheinander in die Höhe.
Ich komm hier nicht mehr raus. Ich atme jetzt
Befehle. Dafür nur wurde ich eingeschaltet.

Madi Phal
INSZINIERTE EUPHORIE

Weil es so schwer ist , man selbst zu sein
habe ich beschlossen, ich hör damit auf
besonders sein,
einzigartig sein
geliebt werden, für das was man ist,
weil Falschheit siegt,
stinkt,
weil es verdammt
nochmal
leicht ist , falsch zu sein,
habe ich beschlossen damit anzufangen,
weil Falschsein siegt,
man hat Erfolg,
weil es so schwer ist man selbst zu sein,
habe ich angefangen damit aufzuhören

Heike Knaak
FREI

eine weiße Plastikkarte:
schlüssel | zum paradies.
der enge aufzug | ruckt |
entlässt mich | in den
himmel |
mit teppichmustern
aus der hölle.
hier oben ist es
wie überall:
immer anders | immer gleich.
so still | die korridore.
verwaist | der schuhputzautomat.

im einheitszimmer |
darf ich niemand sein |
und bin jemand | besonderes:
das kleine schokoherz |
ist der beweis.
ich lehne mich
ans weiße kissen | umarme
das schweigen.
erst morgen wieder |
muss ich meinen namen

nennen | sprechen |
und lächeln für fremde.

draußen | über der stadt |
wandert der mond.
vielleicht gehe ich aus |
vielleicht bleibe ich.
vom tintenschwarz
bis erstem grau
verliebe ich mich |
unsterblich |
in den nachtportier.
noch ist alles möglich.

Heidemarie Andrea Sattler

PREIS DES INDIVIDUUMS

Geschubse,
geräusperte Aufmerksamkeit.
Blicke,
die verstohlen
die Leichtigkeit des Tages
in sich aufsaugen.

Geplätscher,
gespielte Freundlichkeit.
Maskerade,
die schablonenhaft
ein ehrliches Wort
ins Gegenteil verkehrt.

Verbundenheit?
Trauriger Restbestand.

Gedanken,
die schmerzlich
in Gefühlen weilen,
als du noch
herdengleich
deine Zeit verlebtest.

Christina Udwari

LEMMING

Der Lemming hinter'm Vordermann,
er läuft und läuft und läuft.
Das Gleiche macht der hintendran,
weil er auch nicht begreift.

So laufen sie in einer Kett',
schaut keiner links noch rechts,
weil vorne einer weiter geht,
der macht bestimmt nichts Schlecht's...

So blöken alle vor sich hin
und grunzen ganz zufrieden,
und keiner fragt: „Wo geht es hin?"
...Sie sind ja angetrieben.

Das machen Papa, Mama, Kind...
– 's ist leicht ja zu vererben.
Wer merkt denn endlich, was das bringt?
Wir laufen ins Verderben!

Ephraim K.

ICH SAH DIE AUFERSTEHUNG DES MENSCHEN

Ich sah die Auferstehung des Menschen
jenseits aller Religionen,
in seinem Inneren
ergriff er etwas
Unbebautes,
Untergrabenes,
Unerhörtes,
und tauschte es gegen
Gleichgültigkeit.

Frank Stahr

KRIEG DER GERECHTEN

Wir haben lang schon unsere Utopien verloren,
die wir erträumt damals in Gandhis Friedenslicht.
So glaubten wir, ein neuer Anfang wird geboren,
an dessen sturer Schwäche jeder Hass zerbricht.

Doch sprechen heute wieder unsre Waffen kalt und laut!
Und aus den Mündern klingt die gleiche schwarze Melodie,
dass bald es mehr vor Worten als vor den Raketen graut!
"Den fremden Virus Feind vernichten!" tönt die Todespoesie.

Ich weiß, wir werden siegen, sind die größte Macht der Welt!
Die Schuld am Krieg, wie auch die Beute, werden wir verteilen.
Doch unsre Opfer, ihren Zorn und ihre Rache haben wir bestellt.
Wo es einst sicher war, zu Hause, wird Vergeltung uns ereilen.

Bist Du nicht für mich, dann kannst du der Feind nur sein!
Und willst Du sicher sein, hast Du das frei sein aufzugeben!
So dröhnt es einschüchternd von oben auf uns ein.
Bald weicht die Freiheit einem überwachten Leben.

Die Angst vor willkürlichem Recht ist nah herangerückt,
des großen Bruder Fratze dicht herangekrochen.
Von Terror, Gegenterror, Freund und Feind erdrückt
sind Verunsicherung und Misstrauen ausgebrochen!

Wo sind noch die, die an den Frieden glauben?
Bin ich der einzige, der innerlich dies Grauen sieht,
all die Soldaten, die den Menschen Leben, Kinder, Zukunft rauben,
wie es in jedem ach so selbstgerechten Krieg geschieht?

Was ist die Zivilisation, die stolz wir schützen wollten?
Es ist doch nur das eigne satte und bequeme Leben!
Es war noch nie in unserm Sinn konkret Tribut zu zollen
dem armen Teil der Welt, zu teilen und zu geben.

Wir haben lang schon unsere Menschlichkeit verloren!
Denn statt der Weisheit bilden Waffen unsere Spur.
Und wird noch irgendwo ein hoffnungsvoller Traum geboren,
so bleibt er wenigen als Trost zum Träumen nur.

Peer de Beer
BETROFFENHEITSLYRIK

Ich halte nichts von Betroffenheitslyrik
denn stets kommt besoffen zu mir zurück
was sie an verlogenen Schablonen brütet

Sie hat die Begriffe nur gemietet
mit denen sie sich dicke tut
und verbal nach außen wütet

Sie will Ventil sein für die Wut
damit sie ungenutzt verpufft
und ich finde das nicht gut

Ich will nicht kuschlig sinnend hausen
in der gefühlssynchronen Einheitsluft
dumpfselig vereinter Betroffenheitssausen

Von mir aus könnt ihr davon ergriffen reisen
doch mich beeindruckt nur der wahre Mut
den eigenen Schatten einen neuen Weg zu weisen

das eigene Dunkel mit dem Lichte zu versöhnen
statt Abgründe bei anderen klagend zu beschreien
und sich dann als besser noch zu wähnen

Dort wo sich vielköpfige Lügenbruten reihen
die mit Worten die Sinne uns betäuben
und mit Betroffenheit den Weg gold stäuben

Ist der Weg schon gleich geebnet
für die nächsten Gräueltaten, wie gesehen
wenn im Mittelmeer ganze Schiffe untergehen

Oder wenn vom Himmel eine Drohne regnet
die mit der süßen Freiheit Botschaft
Braut und Bräutigam zur Hochzeit segnet

Es sind die Schattenwelten, die hier toben
sie warten auf den Befehl von oben
doch die Zentrale, die ist abgeschaltet
weil dort Betroffenheit die Angst verwaltet

Artem Zolotarov
2 + 2

In Schwarz und Weiß die Fronten zeichnen,
solang die beiden Farben reichen.
Kontraste helfen zu verstehen,
wonach die großen Uhren gehen.

Der Klick ist Macht, bei Tag und Nacht,
nach seiner Herkunft überwacht.
Informativ und leicht zu schlucken
presst Wahrheit sich in fünf Minuten.

Wer hat noch Zeit und Geld zum Denken?
Wer wird noch weiße Fahnen schwenken?
In einer kalkulierten Welt
ist nur wer zahlt, auch der, der zählt

Sandra Weiland
WAS BLEIBT

Was bleibt,
nach all den flüchtigen Begegnungen
im Alltag?
Was bleibt,
wenn die Worte keine Tiefe besitzen
und nichts vordringt,
bis zum Grund?
Was bleibt,
wenn sich hinter den lächelnden Masken
nichts als Leere verbirgt?
Was bleibt?
Ich werfe meine Frage
in die Weite des Nachthimmels hinaus.
Die Antwort
trägt der Wind zu mir hinunter.
Was bleibt,
bin ich.

Michael Johann Bauer (Blume)
Geschichte bzw. Geschichtetes

Autochthone Labyrinthe des Ominösen;
freilich gab es Hoffnung, hin und wieder.
Gegenstände und -schläge wie Zyklen -
der Allmensch lauert im Irgendwann.

Ja, die Worte ordneten sich zu neuen,
unter dem Zwang der Somnambulen;
Welten barsten - kindveratmende Panik -,
in engen Käfigen schrieen sie: zu viel!

Und es drehte sich das Rad der Dinge,
wieder dominieren wenige ganz viele;
wahre Massen lassen stumm sich knechten,
unter dem Wahn einer verlogenen Hand.

Hochleben deshalb sie, unsere Ahnen!
Blut und Leid zieren ihre Gesänge
In jedem steckt ein vergangener Mörder,
dessen Taten sich in Zeichen zeigen.

Doch, wie wir uns nun bewegen,
erinnern wir ungern Zorngefilde;
zum Wohl der Horden Spätgeborener
schweigen wir lieber, für immer, still.

Andrea Müller

VERSTUMMT

Ich will schreien
laut, schrill, kreischend
über den Beziehungsfrust
Ich will schreien
hilfesuchend, verzweifelnd
über die Gleichgültigkeit
Ich will schreien
anklagend, schuldzuweisend
über die Ignoranz
Ich will schreien
ängstlich, schüchtern, verstörend
über die Skrupellosigkeit
Ich will schreien
aggressiv, kämpferisch, zerstörend
über die Ungerechtigkeit
Ich will schreien
still, tonlos, sterbend
aber es kommt kein Schrei
Bin verstimmt, verstummt
über das Leben!

Marianna Lanz
KLAVIER

einer schiebt sein klavier in die
nacht und kehrt nicht wieder

wir fallen durch netze und
treiben im meer

schaf müsste man
sein oder wolf oder hai

sind wir aber nicht

wir sind vögel die singen
und hasen die flieh'n

Stephanie Mattner
BLICKDICHT

Begriffen in einem (Schein-)System.
Symbolisches Leben - nur Emblem.
Immer mit der Welle schwimmen!
Ein ewig heuchelndes Rückgrat krümmen.

Übertünchte Mauern - Fassade, Maskenball.
Dauer ohne Grenzen - Ich-Verfall.
Wie? Die Hauptsache sozial erträglich.
Eigene Meinung? Nur stockend, kläglich.

Sein!? Was willst du noch bedeuten
hohle Hülle mit wechselnden Häuten?
Die Lüge grinst mir närrisch ins Gesicht:
Wo ist am hellsten Tag das klarste Licht?

Lieselotte Degenhardt
HALTESTELLE

Soll einer verstehen
das Getriebe der Welt:
Es gibt keinen wirklichen Frieden.

Dagegen rauchen und saufen sie an,
suchen hier und da auf
ein Gespräch, einen Händedruck.

Sie drehen an beliebigen Knöpfen,
verkriechen sich in Büchern,
finden sich – und retten
über Tag- und Nachtgleiche
ihre handvoll Habseligkeiten.

Andere warten an der Haltestelle
der Gewohnheit auf den Omnibus,
der nicht mehr fährt.

Aufgehört hat es irgendwann:
das Drehen in der Mitte.

Tasten auf allen Vieren
immer wieder entlang
bis zur Wand.

Jörg Krüger (Dingefinder)
Vom Beschneiden der Flügel

Wir beschneiden dir die Flügel, Pegasus,
so wie wir es gelernt haben,
so wie wir beschneiden die Flügel
bei unseren Hühnern, denn
freilaufend sind sie, das ist jetzt
die Mode, wir beschneiden die Flügel,
so wie wir es gelernt haben:
Den einen beschneiden wir etwas,
den anderen noch kürzer, das
nennt man asymmetrisch, das ist
modern, so fliegen sie im Kreis,
Pegasus, so wie wir es gelernt haben.

Das Beschneiden der Flügel, Pegasus,
so wie wir es gelernt, Pegasus, dann
laufen sie frei, die Hühner, und fliegen
im Kreise, asymmetrisch, das Beschneiden
der Flügel, so wie wir es gelernt,
das haben wir verinnerlicht, das ist
uns zweite Natur, so laufen wir frei, denn
wir wollen, dass du anders bist,
denn jeder Mensch ist anders, das haben
wir gelernt, denn so laufen wir frei, gelernt
ist gelernt, jeder Mensch ist anders,
sagen wir, gelernt ist gelernt, jeder
hat ein Recht auf anders.

Wir beschneiden die Flügel, Pegasus,
denn so laufen wir frei, und fliegen im Kreise,
asymmetrisch, so nennt man das,
das ist jetzt die Mode, denn
so anders anders, das ist nicht anders,
Pegasus, wir beschneiden
die Flügel, das haben wir gelernt,
das fliegt nur im Kreise, der eine kurz,
der andere noch kürzer,
Pegasus, denn wer die Lehrbücher liest,
der ist ein Wissender, das haben wir gelernt,
so anders, wir nennen es asymmetrisch,
denn dann laufen wir frei, und sei einmal
ehrlich mit dir: Wo schon gibt es ein Pferd
mit Flügeln in der Natur. Nichts davon steht
in unseren Lehrbüchern, so anders anders.
Gelernt ist gelernt.

Wolfgang Endler
WARTEZIMMER

stumpfe gesichter um mich herum
mein spiegelbild dutzendfach hautnah
bohrender schmerz schickt
gedanken auf reisen
wird fündig im hinterkopf
schichtenweise früh-spät-nacht-schicht
chef spielt lebende überwachungskamera
bücken buckeln wegducken
fordern überfordern überarbeiten
ausgelutscht ausgeschleckert
diagnose anpassungsstörungen
pillen stillen schmerz pflicht erfüllen
funktionstüchtig sein frühmontag ruft

sonntagsshopping bingospielen daddeln
einschlafen auf meiner freundin
zerkaute wut graues granulat
schmirgelt seele zu staub
träume verrauchen im aschenbecher
faust geballt neben der taschenflasche
hänge zappelnd am gängelband
hilfloser säugling niemals entwöhnt
- mein name wird aufgerufen
- bitte in sprechzimmer zehn

letzter aufruf letzte ausfahrt
schießt es mir durch den kopf
schneller griff zur schere
im hinterkopf
trennungsschmerz blitzt
nur ein paar blutstropfen
erinnern noch
an die
nabelschnur

Finn Lorenzen
VALERIOS REDE

So hell der erste Sommertag auch scheint,
so angsterfüllt erscheint die Zeit für mich.
Der Pfad, der meine jungen Füße trägt,
führt steinig in ein ungewisses Los.
Die ersten Schritte waren schwer genug
und sind am Ende doch auf keinen Fall
mit allen folgenden zu messen.
Wie eisern sind die Ketten der Erwartung,
geschmiedet von den blutsverwandten Hämmern!
Zertrümmern ihre Schläge meine Brust,
zu sehen, ob der kleine Fisch dem Meere trotzt
und somit seinen Haien, deren Gier
den Sagen nach auf ewig ungestillt verweilt?
Das junge Fleisch ist mehr als bloß ein Mahl!
Schweige mein Herz! Das Wasser ruht für jetzt.
Wie sehr der Wunsch doch hinter all dem Wahn
des schnellen Stromes lebt und eben nur
als Wunsch bald ungehört verhallen wird
Die Tage dieser Zeit sind dunkler als die Nacht.
Doch Mut, nur Mut, mehr bleibt mir nicht zu wahren!
Verlor'n ist alles Hab und Gut so schnell und wer
verliert und nicht gewinnt, der bleibt im Staub
der kalten Strecke atemlos zurück.

Sigune Schnabel
ÜBERFÜLLE

Manchmal türmen wir
unsere Träume
in bunte Minuten,
nur damit einer
über die Ränder fällt
und leis'
das Nichts auffüllt.

Und doch steht unser Denken
eingezäunt am Strom der Zeit
und grast das Wunderbare
aus dem Leben.

Bernd Pol
TAGESWUNDER

Ich hab mich heut wieder
Wunder schauen gelehrt:

Die Katze im Gebüsch am Rande der Straße
und die sterbende Hummel vor mir im Staub
und ein Kind, das die Unschuld beweinte,
und eine Blume, die zu trösten verstand.

All das ohne Wissen
und doch in der Einheit der Welt
und alles meins
und fordernd neu in tiefer Geduld.

Der Versuchung habe ich widerstanden,
die Hummel mit einem Tritt zu erlösen.
Und der Katze bin ich ruhigen Schrittes
allein mit den Augen ins Dunkel gefolgt.
Und dem Kind hab ich in erinnernder Trauer
seinen Schmerz ins wirkliche Leben gegönnt.

Die Blume aber,
die habe ich an mich genommen,
nicht weil ich sie wollte,
sondern weil du sie
hier brauchst.

KAPITEL 2

SCHÖNE NEUE WELT

Jens Junk
KENNST DU DAS LAND

Kennst du das Land, wo keine Blumen blüh'n?
Du kennst es nicht? Du wirst es kennen lernen!
Dort, wo sie Tiere in Riesenhallen zieh'n
und, was Natur ist, aufs Gründlichste entkernen.

Dort wächst Beton und Stahl zu grauen Hallen,
um herzustellen, was wir gar nicht brauchen.
Die Einen buckeln den Andern zum Gefallen
und wo die Schlote giftige Wolken rauchen.

Das ist das Land, wo die Profite blüh'n,
dort türmen sie ihr Geld zu hohen Haufen.
Kaum einer kann sich dieser Macht entzieh'n,
dort glauben sie, man könne alles kaufen.

Über diesem Land, wo heimlich Drohnen zieh'n,
seh'n sie alles, können jeden überwachen
und töten, was gestern noch unglaublich schien,
in diesem Land gibt's gar nichts mehr zu lachen.

Es sangen nun schon viele solche Lieder,
du hörtest sie, doch hörtest du nicht hin.
Verschließt die tauben Ohren immer wieder,
so verschließt sich dir der offenbarte Sinn.

Kennst du das Land, wo nie mehr Blumen blüh'n?
Du kennst es nicht? Du wirst es kennen lernen!
Über dem schon schwere, dunkle Wolken zieh'n -
siehst du sie, um noch daraus zu lernen?

Dominik W. Peller

GESELLSCHAFTSWIRRWARR

Ein Leben
im Wirrwarr
der Gesellschaft
sinnlose
Attitüden
die nur
äußere
oftmals widerliche
Fassaden
demonstrieren
ein verwirrendes
Spiel
im Wandel
der
Veränderung
die Oberschicht
erstickt
im Wohlstand
der Rest
kämpft
verbittert
machtlos
am Rande
des Wahnsinns!

Hellmut Bölling
NÄCHTLICHE RUHESTÖRUNG

Die Frisuren blieben lange
Wie im Tausendjährigen,
und auch die Scheitel
trennen manchmal heute noch
ähnlich, wie einst.

Wer nicht rechtzeitig
chamäleonfarben wurde,
geriet oft ins Abseits.

Manchmal scheint es dann gar,
als könnten wir ruhig schlafen gehen,
und uns an der Buntheit der Welt erfreuen,
wenn auch das Flüstern transatlantischer Suchwörter
einige Gutmenschen nachdenklich macht

Johanna Schließer
FAIRNESS

Wir sind nicht fair.
Wozu denn auch?
Bescheißen ist ein alter Brauch.
Gerechtigkeit wiegt nun mal schwer.

Wir sind nicht fair.
Wir machen mit,
wenn einer auf den anderen tritt.
Bedauern tun wir es nicht sehr,
denn wir sind fies, wir sind nicht fair.

Wir sind nicht fair,
wir lügen gern.
Dem Vorteil ist die Wahrheit fern.
Dem Ehrlichen glaubt keiner mehr.

Wir sind nicht fair,
wir hoffen nur,
dass keiner kommt auf unsere Spur,
denn Angst ist unsere Gegenwehr.
Doch die ist wahr
und auch nicht fair.

Raphael Nibbana
EINFACH SEIN

Kein Interesse am Schmerz der Welt.
Mich interessiert nur Kommerz und Geld,
Facebook, Instagram, Tumblr und Twitter.
Ich bin ein moderner Dieb und Raubritter.

Was kümmern mich dahinsiechende hungernde Kinder,
Die Elendsviertel und Slums der Afrikaner und Inder,
Genozide, Aids und Beulenpest?
Ich werde doch fett in meinem gemachten Nest!

Die Cola ist warm, das WLAN spinnt -
Ohje! Ohje! Wie die Zeit verrinnt!
Bayern verpasste heute das Triple:
Das like ich hart und krieg steife Nippel!

Morgen kauf ich mir Bier und Pizza
Und plane meinen Urlaub am Strand von Nizza.
Da krieg ich hoffentlich noch Frühbucher-Rabatt -
Etwas, das nicht jeder hat.

So verfliegen Tage, Wochen, Monate und Jahre.
Bald schon krieg ich graue Haare:
Dann knall ich mir ‚ne Tönung rein.
Lass die armen Schweine doch arme Schweine sein.

Wolfgang Mach
SALTO DER GEDANKEN

Schachtelhalme am Waldrand freuen sich.
Würde mich auch amüsieren
über freundliche Konjunktive, über schattige Aussichten.
Die verzweifelte Hitze erzählt von Siesta
von Treibgut an Düften in schwereloser Zeit.
Gefühle üben Purzelbäume hinterm Vorhang,
Warum? Suchen Erinnerungen an kalte Tage.
Kurz vor der Stadt verkümmert der Duft von Violett.
Ein stummes Orchester koloriert Melodien, sucht Farbigkeit.
Gesalzene Lügen geben Klopfzeichen in der Sackgasse.
Im Rinnstein vertrocknen verlorene Wahrheiten.
Die Sehnsucht wurde am Straßenrand überfahren,
herzlos am Straßenrand, daneben eine traurige Pusteblume.
Es waren Findlinge,
Findlinge auf der Überholspur.
Wäre gerne Mauerblümchen oder auf der Suche nach Utopie
oder eine Kröte im Schwanensee
wie die Langeweile auf der Insel der Zeit.
Ja der Eisberg braucht Hustensaft.
Dafür blicken uns paradoxe Bildschirmschoner an
jeden Sommertag, jeden Tag.
Ein langsamer Walzer klettert in die Freiheit
endlich.
Das stehende Flimmern wird durch einen Flügelschlag zerfetzt.
Luft vibriert gnadenlos brennend.

Kein Vogel gibt einen Ton von sich.
Blumen sprechen nicht mehr.
Eine Seifenblase zerplatzt, kaum aufgestiegen.
Will den Schatten fangen an der Müllhalde des Tages.
Der Himmel ahnt das schleichende Ende
landeinwärts dämmert es.
Langsam verwischen Konturen des nachtfarbenen Abschieds.
Schaffen wir doch den Tod ab,
schicken die göttliche Komödie ins Exil.
Jeden Tag können wir oft sterben
an der Peripherie des Lebens.

Sylvia Sabrowski

FANAL

Wenn das Abendrot
vom Himmel fällt.
Wie ein Balken zerbricht.
Kulisse nur, Gelogenes.
Verrat am Leben.
Schöpfung zum Ergötzen,
zum Besoffenspüren.
Ist doch nur
angemaltes Gewese.
Aufgehübschtes Leichenzeug.
Verendet.
Vergammelt.
Ausgehöhlt.
Verrottet.

Uta Daniel
GLÜCK GEHABT!

So schnell kann's geh'n:
Da hat der Blitz doch vor'n paar Tagen,
des Nachbar's Kind beim Spiel erschlagen.
Zum Glück ...
... nicht meins.

Immer wieder:
Der IS ins Ölland einmarschiert,
willkürlich Menschen massakriert.
Zum Glück ...
... nicht mich.

Irgendwo im Atlantik:
Der Tanker in der Flut verschwand,
der schwarze Tod schwimmt an das Land.
Zum Glück ...
... nicht an meins.

Magere Zeiten:
Den Job verlier'n nun immer mehr,
dieÄlt'ren trifft's besonders schwer.
Zum Glück ...
... mich nicht.

Und Freund Jens?
Verlassen vom Weibe ... welche Pein,
für den Rest seines Lebens,
bleibt er allein.
Zum Glück ...
... ich nicht.

Wer es wohl wagt,
das Leid der and'ren zu erkennen,
dabei sich selbst noch glücklich nennen?
Zum Glück ...
... ich!

Enrico Surreal

EMPORGEKROCHEN

Emporgekrochen aus den Höhlen
suchen sie nach Ignoranz,
wurzeln tief und wachsen hoch,
wie des Menschen Schlangenschwanz.

Hört ihr dort den Pöbel grölen,
tanzend zu des Lebens-Joch?
Kriechen auch aus ihren Höhlen,
wer nicht kauert in dem Loch?

Freudig und voll Überdruss,
schwören sie den heil'gen Eid.
Hölzern und auf hohem Fuße,
trachten sie nach Seligkeit.

Warten auf den Regenguss,
der die trock'nen Felder weiht.
Ohne Maß und ohne Muße,
glauben sie: Gerechtigkeit!

Glauben den gespalt'nen Zungen,
glauben der Verheißung Wort.
Und der Preis scheint schon errungen,
kriechen bis zu ihrem Ort.

Hannelore Furch
MENSCH UND RABE

Ein Mensch spaziert im kühlen Feld,
hat eines nur im Sinne,
dass endlich in der Sommerwelt
die Sonnenzeit beginne.

Und tatsächlich zur selben Zeit
erstrahlt die warme Sonne,
gleich öffnet er die Kleidung weit,
reckt nackt die Brust in Wonne.

Im Eichenbaum, der in der Näh',
bekichert ihn ein Rabe
und lästert frech: „Ein Mensch, oh je,
wie eitel sein Gehabe,

an Hals und Brust die Daunen fort,
ich sag's ja immer wieder:
So blechern wie des Menschen Wort,
so falsch ist sein Gefieder."

Es kontert gleich der Mensch dem Rab':
„Und du vor allen Dingen,
du krächzt, als steckst du schon im Grab,
und glaubst doch, schön zu singen."

Drauf stellt der Rab' das Reden ein
und lässt sich nicht mehr sehen,
der Mensch ruft süß: „Heh Huckebein,
ich hör' doch gern dein Krähen

und werde mich in deinem Sinn
mit echten Federn schmücken",
und sieht den Rab' im Baume drin
versöhnt nach vorne rücken.

Kevin Hattenberg

STRICHCODE

hinter Strichcodegittern
für unser tägliches „nicht genug"
werden wir
Parametermenschen
standardisiert
gebunden an die Eti-
Ketten am vermessenen Körper
keine Schlüssel öffnen uns
die (grauen)
Zellen aus Tabellen
Kennwert wird Nennwert
uns haben unsere
Daten verraten

in unseren Faktentrakten
bleiben wir
bis zur Hin- und Abrichtung
am Strickcode
gefangen

lauf Strichcodemännchen lauf
du Henker und Gehängter
aus dem Optimumpanopticon
gibt es kein
Entkommen

Susanne Ulrike Maria Albrecht

TAGTÄGLICHE SENSATION

Die Nachrichten bringen
den neuesten Stand zur
Geiselnahme
gefährlich große Buchstaben
berichten in der Zeitung
von einer bevorstehenden
lebenslangen Haft.
He, kleine Schwester,
was hast du getan?
Tag und Nacht
im Fernseher Bedrohung pur
am Rande der Dunkelheit
Abgründe tun sich auf
beängstigende Gratwanderung
zwischen Strafvollzugsanstalt
und Tod
unverfälschte Hingabe
Stillschweigen
tagtägliche Sensation
zwangsweise auf der Flucht
Die Welt schaut hoch zu meinem
Fenster

Michael Pilath
FATA MORGANA

Grell geschminkt,
schepperndes Geldglück, Phantasien,
Blitzende Tage, explodierende Nächte,
hellblau, rosa, reseda statt grau,
Frisuren über alten Köpfen,
seelenloses Klingeln verheißt Erfolg,
geopfert der Hoffnung auf mehr!

Brüllende Hitze,
bellende Autos,
schreiende Verlierer,
silikongefüllte Blusen unter
faltenlosen Botoxgesichtern
suggerieren temporäre Erfüllung.

Glitzernde Hotelmärchenwelt,
perfekt, einladend,
automatisierte Glückseligkeit,
wieder seelenloses Klingeln,
Erfolg verheißend unter schreiendem Neon.

Brüllende Hitze,
die Kapitale der Illusion,
geliebt, verhasst,
beleidigt, verehrt,
ich komme wieder fasziniert.

Elke Wandersee
GLÜCKSUCHER

Wir suchen das Glück
in großen Momenten
voll großer Gesten
die den Atem rauben

Wir suchen das Glück
fern der Heimat
denn nur weit weg
wartet es auf uns.

Wir suchen das Glück
doch ohne zu Sehen
jagen eine Vorstellung
die nicht unsere ist.

Wir suchen das Glück
bis wir am Ende
mit leeren Händen
am fernen Ziel sind.

Nicoleta Craita Ten'o
WOHNBLOCKSYNÄSTHESIE

Sumpfgrabenregel dieser Regen rieselt
Rastlos Riesenmengen Blattlauspurpur
Wale malen die Mandeln in Mänteln
Die Nektarinen in Schale fast zerbrechlich
Schaust durch die Fensterscheibe hindurch
Manchmal erstrahlt die Straße im Gold.
Routinepolitik sondergleicher Wohnblocksynästhesie
Krippenspiel. nein. Rollentausch. aber. und. weshalb.
Selten trauen die Straßenlaternen dem winzigen Abendrot.

Dieter Wick
ACH, DEUTSCHE...

Ach, Deutsche, wenn ich euch betrachte,
verzeiht, dass ich euch sehr verachte.
Ich schau' zurück und auch nach vorn
und bebe dabei oft vor Zorn.

Erst lange Zeit, unzähl'ge Wochen,
seid vor dem Adel ihr gekrochen.
Habt feig' gebeugt die schwachen Knie,
an Freiheit dachtet ihr wohl nie.

Was ihr versteht als Tradition,
scheint Kriechen mir und Tageslohn.
Euch musst' man auf die Schädel schlagen,
damit ihr Freiheit wolltet wagen.

Selbst das, ihr Torfköpfe, ging schief,
weil alles nach dem Führer rief.
Und als der Wahnsinn dann vorbei,
da war auch euer Land entzwei.

Die Dichter und die Denker
ließ't ihr verstaubt im Bücherschrank.
Die Richter und die Henker,
sie zeigten euch, wie sehr ihr krank!

Nun seid ihr in der Gegenwart
mit unverdrossen deutscher Art.
Was auch passiert, weit auf das Maul,
ihr reitet noch denselben Gaul!

Jürgen Kohl

UNBELEHRBAR

Wenn in Kinderaugen Tränen stehen,
weil die Angst sie rennen lässt,
kannst du der Dummheit Fratze sehen,
sie feiert mit dem Krieg ein Fest.
Denn dort wo die Kanonen grollen,
da zeigt die Menschheit ihr Gesicht,
wo vorwärts nur die Panzer rollen,
brennt in den Hirnen selten Licht.
Im Wahnsinn den Verstand versoffen,
so spielen sie dem Tod ein Lied,
anstatt auf Lebensglück zu hoffen,
das stets im Frieden nur geschieht.
Seht, da marschieren sie, die Schlauen,
hinaus auf's Feld zum Kampf bereit.
Lasst sie sich auf die Köpfe hauen,
bleibt gern zuhaus' und nutzt die Zeit!

Lena Gottfriedsen
MILIZ, DIE
(SUBSTANTIV, FEMININ)

Tagesschau:
„Jesidische Flüchtlinge: Im Sindschar vom IS eingekesselt"
Süddeutsche:
„Terrormiliz auf dem Vormarsch: Was den IS so stark macht"
Duden:
„Miliz, die (Substantiv, feminin)"

es geht um eine Terrormiliz
[*„Terrormiliz, die (Substantiv, feminin)"*]
der männliche Artikel redet von Staat
[*„Staat, der (Substantiv, maskulin)"*]
also von etwas, das es nicht gibt,
er spricht ihr *(der Miliz (feminin))* Staatscharakter zu
den sie *(die Miliz (feminin))* nicht hat

Spiegel:
„1000 US-Raketen gegen die Autobomben des IS"
Die Welt:
„Wir haben keine umfassende Strategie gegen den IS"
Duden:
„Miliz, die (Substantiv, feminin)"

nur weil sie *(die Miliz (feminin))* sich Staat nennt
[*„Staat, der (Substantiv, maskulin)"*]
bleibt die Miliz eine Miliz
[*„Miliz, die (Substantiv, feminin)"*]
sie *(die Miliz (feminin))* ändert nicht das Geschlecht
sie *(die Miliz (feminin))* braucht einen femininen Artikel
egal wie sie *(die Miliz (feminin))* sich nennt

FAZ:
„Zehntausende fliehen vor dem IS"
Stern:
„Luftangriffe entreißen dem IS nur ein Prozent seiner Gebiete"
Duden:
„Miliz, die (Substantiv, feminin)"

alle reden von der Frau *Müller*, der Frau *Weber* als *„sie"*
[*„Müller, der (Substantiv, maskulin)"*,
„Weber, der (Substantiv, maskulin)"]
weil sie nicht Müller und Weber, sondern Frauen sind
[*„Frau, die (Substantiv, feminin)"*]
aber sie reden von der Miliz *Islamischer Staat* als *„er"*
als wäre sie Staat *(der Staat (maskulin))*
und nicht Miliz *(die Miliz (feminin))*

Peter Istvan Ostritsch
DER NÄCHSTE BITTE!

Ich habe eine Nummer gezogen, aber freie Stühle gibt es keine mehr.
Es riecht säuerlich: Zukunftsängste kriechen mir in die Nase.
Was kann ich jetzt noch meinen Befürchtungen entgegen stellen?

Ein Bollwerk aus Formeln und Mantras: „Ich kann was, ich schaff das!"
gemurmelt mit der Überzeugung eines Stand-Up Komikers,
der weiß, dass nicht mit ihm, sondern über ihn gelacht wird.

Beim Waschen meines Gesichtes auf dem WC achte ich darauf,
den Kopf gesenkt zu halten.
Der Mann neben mir öffnet seinen Geldbeutel und tut so, als zähle er

den begehrtesten Fetisch unserer Zeit: bunt bedrucktes Papier,
das ich in Träumen zu babylonischen Türmen staple
und gegen sophistische Weisheiten tausche.

Als ich auf den Gang trete, ist meine Nummer schon überholt.
Ich schreibe eine neue Zahl auf den Zettel -
selbstgemachte Geschenke sind die schönsten.

Artem Zolotarov
ZOMBIE EVOLUTION

Smartphone gebräunt das Leben liken,
Emoticons zum Lächeln teilen.
Das W-Lan-Netz fängt kleine Fische,
sie zappeln mit dem Daumen wischend.

Wir wishen uns mehr luck im life
und merken nicht wie Lack verbleicht,
der vor der Tür im Wind und Regen
die Kratzer trägt vom echten Leben.

Selbst denken war 2008,
wozu hat Gott google gemacht?
Wir fressen Hirne und verdauen,
den Dreck, den wir bei youtube schauen.

Sind wir nun Zombies? Tot im Leben?
Hat's je was anderes gegeben?
Wie war es früher, als wir noch
nicht fielen in das World-Wide Loch?

Zuerst das Buch: Geschrei war groß.
Es lässt uns Phantasieren bloß.
Dann Fernsehn: Riesiges Gebrüll,
man wird nur dumm von diesem Müll.

Dann Internet: Gewimmer! Nimmer
gab's so ein Fluch für's Kinderzimmer.
Und jetzt das Smartphone: Leises Zweifeln,
weil alle doch zum Handy greifen.

Es ist nicht schlimmer als es war,
Gefahr ist und bleibt immer da.
Und Zombies sind doch auch nur Menschen,
die sich ein weniger Hirnschmalz wünschen.

Andrea Lutz

DAS VERLORENE PARADIES

Ich war da . . .
. . . spricht der Fisch,
ich durchzog die Meere, dicht unter der Oberfläche
bis hinunter in die tiefsten Tiefen
in die DU Mensch noch nie vorgedrungen bist.
Mein war die Stille der See,
mein war das Spiel mit den Wellen,
kein Öl erstickte mich, kein Netz raubte mir meine Freiheit,
bis DU kamst, da begann das Wasser zu sterben.

Ich war da . . .
. . . singt die Amsel,
ich und meine gefiederten Geschwister durchzogen die Lüfte
bis hinauf in die höchsten Höhen.
Mein war die Luft und der Wind,
kein Käfig hinderte meine Freiheit,
kein Gift trübte meinen Himmel,
bis DU kamst, da begann das Blau der Lüfte zu sterben.

Und ich war da . . .
. . . maunzt die Katze,
meine Vorfahren durchstreiften die Savannen
und Wüsten in allen Kontinenten, lange bevor DU kamst und
unsere Kinder erschlugst
uns einsperrtest und deine Gifte an uns erprobtest.

Ich auch . . .
. . . bellt der Hund,
auch ich war frei, meine Ahnen im Rudel geborgen,
bis DU kamst und nur ein toter Wolf ein guter Wolf war,
du hast uns gezähmt, benutzt, ausgenutzt,
keine Leine, keine Kette und kein Käfig
nahm uns unsere Freiheit, bis DU kamst,
da begann die Freiheit zu sterben.

Ich war zuerst da . . .
. . . flüstert der Baum,
ich war da und machte mir das Land untertan.
Meine Wurzeln festigten die frische Erde.
Meine Äste, sie ragten hoch in das Himmelsblau,
frischer Regen nässte meine Blätter.
Ich trank ihn und erblühte jedes Jahr aufs Neue,
bis DU meine Brüder und Schwestern mit deinem Gift umgabst
und jeden Tag Tausende von uns mordest.
Jahraus, Jahrein.
Als DU kamst, da begann das Paradies zu sterben.

Thomas Rahe
DIE LETZTEN MENSCHEN

Der letzte aller Orte,
sie nannten ihn Kvatyyr,
bot Ödland, das verdorrte,
doch sanftes Klopapier.

Die Menschen, die noch waren
von Ordnung und Manier,
sie wählten einen Zaren
und pfählten einen Stier.

Bevor die letzten starben,
und auch das letzte Tier,
sie hastig noch erwarben
ein letztes AyPed IV . . .
und Tupperzeugs, und Bier.

Die Menschheit endet hier.

VERGISS MIT MIR DIE WELT

Lass uns heute vergessen
Vergeben, neu beginnen
Komm mit, wir geh'n fein essen
Ich will dich heut' gewinnen
Für eine Runde Leben
Nur eine Stunde schweben
An deinem Munde kleben
Der alten Wunde geben
Was ihr sicher nicht gefällt
Komm vergiss mit mir die Welt

Lass uns heute verbrennen
Vernichten und zerstören
Uns wieder neu erkennen
Bedichten und betören
Geschichten neu erfinden
Die Ängste überwinden
Unter Weh'n sie entbinden
Und seh'n, wie sie verschwinden
Mit der Zukunft und dem Geld
Komm vergiss mit mir die Welt

Lass uns heute entwerfen
Erschaffen, blühen, gedeih'n
Cupido's Messer schärfen
Stille Gewässer befrei'n
Und uns dann noch besser seh'n
Uns begreifen und versteh'n
Etwas reifen, dann vergeh'n
Und sie wird sich nie mehr dreh'n
Sie hat nichts, was uns noch hält
Komm vergiss mit mir die Welt

LICHTBLIND

Joshua P. Ternes

ALLES IST GESAGT

Alles ist gesagt
und jede Geste schon verbraucht.
Jeder Ton ist still vertraut
und jedes Bild ein Déjà-vu,
das sich nur nach vorne wagt.

Alles ist gesagt,
wir leben nur noch alte Leben,
bunte Flickenkleidung weben
wir aus der Vergangenheit –
jeder Schritt ist schwer betagt.

Alles ist gesagt.

Kevin Hattenberg
WAHRNEHMUNG — FALSCHNEHMUNG

Das Wahre ist das Wahre ist das Wahre.
Die Fakten sind die Fakten sind die Fakten.
Die eigne Sicht wird das Unanfechtbare,
wenn Meinungen sich in Wahrheit verstecken.

Das Wahrgenommene, als wahr genommen,
ist selektive Konsistenz. Ist Kredo.
Ist Überzeugung. Ist Verhaltensrahmen.
Ist Antwort. Ist Kausalität. Ist Ego.

Das Wahre. . . ist das Wahre. . . ist das wahr?
Die Fakten. . . sind Begierden. . . sind Motive. . .
Des Egokredos Wahrheit ist bizarr:
aus Dissonantem wird das Normative.

Die Wahrheit ist der Schwachen Sicherheit,
gelogenes Refugium vor Lügen,
Versteck in der eindeutigen Vieldeutigkeit,
wo sich Wahlfakten ineinanderfügen.

Unanfechtbar und wahr war es. Das Wahre.
Als objektiv getrennt wie hell und dunkel.
Letztendlich lösen wir uns aus der Starre.
Das Wahre ist das Falsche. Ist Blickwinkel.

Oliver Walter
VATER NUR UNSER

Vater nur unser, der Du bist nicht hier,
genehmigt sei Deine Heiligkeit.
Dein Reich komme im Himmel,
solange auf Erden unser Wille geschehe:
Gib uns unser erkleckliches Brot
und verzins uns unsere Schuld gering,
so dass wir unseren Gewinn maximieren
bei unseren Schuldigern.
Und versuche nicht uns zu führen,
noch erbose uns mit Deiner Lösung.
Denn das Deinige reicht uns nicht mehr,
wir verewigen lieber aus eigener
Kraft unsere Herrlichkeit. Amen

Dieter Wick

VERMÄCHTNIS DES HENKERS

Da war ein Mensch, der
sein Leben lang gekämpft
für Freiheit,
für Toleranz,
um Wissen,

nicht nachgelassen im Kampf
gegen Radikalismus
und Fanatismus,

gebebt vor Zorn
und geweint -
über Ignoranz
und Arroganz
hatte.

Eines Tages fand er eine alte Grabplatte,
auf der stand:

"Ihr, die ihr Platon und Aristoteles zitiert -
und Schiller und Shakespeare.
Ihr, die ihr euch mit Bert Brecht brüstet
und vorgebt, Thomas Morus und Montesquieu zu kennen.
Ihr, die ihr predigt und lehrt.

Ihr, die ihr eure Feigheit vornehm zu verstecken sucht.
Ihr, die ihr euch anpasst
und selbst Verbrechen rechtfertigt,
wenn es euch geboten erscheint.
Ihr, die ihr vor allem zuschaut und zulasst:
Wenn ihr Freiheit und Würde verspielt habt,
werde ich euch am Tor erwarten
als euer Henker.

Und ich werde euch zum Schafott führen
und eure Schädel zerschlagen.
Eure Körper werde ich verbrennen
und eure Asche in alle Winde zerstreuen.
Denn ihr habt nicht mehr verdient als dieses."

Und der Mensch ging hin
und legte eine Blume
auf das Grab
des Unbekannten.

Rebecca Schmitt
GUTES LICHT

Für die einen geht es um die wahren Werte,
Die andern rücken sich in gutes Licht.
Die einen beweisen sich in Treue, Mut und Stärke.
Sie fragen sich, sie plagen sich, sie tagen nicht.

Die andern glauben an ein Leben á la carte.
Sie ordern Crème Brûlée, schmatzen sich ins Velvet Blue.
Und spielen 40 Stunden Woche blinde Kuh.
Die wahren Werte bleiben unberührter Fraß auf
                                    (langer Karte.

Bernd Pol
MORGENZORN

Ein Leuchten schwebt gerade in der Welt
und macht es schwer, den Morgen ganz zu fassen.

Was soll mir all das Licht, wenn anderwärtig
so vieles Blut im Dunkel ungespürt verströmt,
wenn das Stöhnen, wenn die Schreie,
vor den Kameras verhallen,
weil nicht gezeigt sein darf,
was Bürgerglauben stören kann?

Hier aber blendet frühe Sonne meinen Schmerz
und lässt mich zweifeln am Lieben in der Welt.

So gerne würd ich allerorten
all dem Gesinnen und Todestreiben
Einhalt gebieten mit Zaubermacht...

Allein...

Der Arm wird mir lahm schon beim Besinnen
und die Zunge vermag keinen Zauber auszuformen.

Nur tief drinnen streitet unstillbarer Zorn
mit einer viel zu verlockenden Morgensonne.

Basty Schwentker
VERRINGERT

fühlen fehlt hier

nur

ein haufen haut
ein klumpen körper

und

ein fussel fleisch

und

zwischen beinen
ein geschlecht

nur
in der stimme
keine schreie
nur
an der schale
keine scham
nur
bei den schläfen
keine schmerzen

nur an der
oberfläche

kind

Michael Starcke
SCHWIERIG

schwierig,
näher an die welt zu treten,
als beabsichtige man, sie
vor die lesebrille zu bekommen
einen einzigen augenblick
anstatt ihres wahren gesichtes.

man sagt, die wahrheit läge
auf der straße. vielleicht hängt
sie auch zwischen zweigen,
an denen regentropfen
blitzen wie gestirne
oder sie wird wie ein paar schuhe
aus dem meer an land geschwemmt,
wo es verlassen ist.

das persönliche leben
beziffert womöglich
die ungezählte anzahl
von fragezeichen, eine spur, die sich

mit dem tod von selber tilgt
oder in kellerräumen spukt,
die verhöre nicht vergessen.

schwierig,
die handschift leerer hände
zu entziffern, schuld zu schultern
wie einen verstimmten kontrabass.

Cornelia Arbaoui
HIMMELSFLUG

Träumer und Phantasten sind wir gewesen
und all unser Sein ging für immer verloren.
Die Erde wird an unserer Art nicht genesen,
denn wir wurden im Himmelsflug geboren.

Dem ewig währenden Zauber erlegen,
der unser aller Leben so leicht umfing.
lehrte uns die Magie sanftes Schweben
und zu entwerden in dem heiligen Ring.

Wir ergaben uns der Schicksalsmacht
und erlebten jeden Moment wieder neu,
ließen uns fallen in die göttliche Pracht
und waren Kulissen der Welt nicht treu.

Wir waren nur frei mit den wilden Winden
und flogen allen Sternen des Alls entgegen.
Nicht ein Staubkorn wird sich mehr finden
für euren Verstand, dem klingenden Degen.

POET-INAH

Im Schöpfungsmodus lebt die Zeit
neu finden sich die Himmel
von ferne weht es wolkig weich
und Bläue leicht vorüberstreicht
- wer weiß was bleibt von unsrer Welt -
Silizium den Kern erreicht -
Fremde seh'n kleine Sterne.

Ein Himmelblau aus Bildern weht
Heut' noch zu seh'n alltäglich
doch bald zerfetzt sich unsre Welt
die Gier, die Macht, das schnöde Geld
zerreißen unser Erdenreich
zerreißen unser Paradeis -
Das Leben wird unmöglich!

Das Wissen aller Großkultur
erstarb im Streit um's Ganze
wir sterben mit und unser Blau
wird Grab, wird Grau, wird glanzlos!

Benkevie
Echo

Manchmal
Wird die Stille
So laut in uns
Dass selbst diese
Vor Tobsucht
Keifende Welt
In ihr versinkt
Bis von den Wänden
Die sie nie durchdringt
Nur noch
Ihr Echo
Widerhallt
Und flüsternd dann
In uns verklingt

Manuel Bianchi
MEINE LEINWAND

Mal auf
meine Leinwand
denn sie
ist blank

real
fraktal
verzweigt
verloren
im Labyrinth
der Wahrheit
doch
vermeide ich
den Minotaurus
der Erkenntnis
dass ich
nicht weiß
dass ich
nichts weiß
dass meine Leinwand
weiß ist

Mal auf
meine Leinwand
denn sie
ist weiß

doch

keine Farben
will ich
farbenblind
ignorant
kein
himmelblau
kein
rosarot
keine
Töne
keinen
Ton
nur
den Schrei
in schwarz
und blutig rot

Mal auf
meine Leinwand
die weiße Wüste
meiner Furcht
denn sie
ist bleich

Carina Blumenroth

KORSETT DER NEUEN GENERATION
(Ein PoetrySlam)

Ich möchte sehen,
nicht gesehen werden.
Ich möchte gehen,
nicht gegangen werden.
Ich möchte selbst entscheiden,
wohin mein Weg mich führt,
und nicht nach B gehen,
nur weil sich das so gehört.

Immer heißt es:
Diese neue Generation -
so schlecht und unmanierlich.
Nein, ich sag' wir sind echt und gedankengefährlich.

Gefangen zwischen zwei Welten,
die sich nicht einen.
entzweien sich unsere Seelen,
passen nirgendwo mehr rein.

Unsere Herzen schlagen einen anderen Takt;
Die Zeit hat uns dazu gebracht,
uns in ein Korsett gezwängt, das
keinem mehr passt
und unsere Seelen sprengt.

Sei flexibel, agiere nicht menschlich,
produziere immer schnell und qualitativ gründlich,
lerne fliegend und bringe viel Zeit mit,
mach` dich selber klein und bau` deine Träume ab,
denn Träumereien sind schwächlich.

Unsere Körper sind gefangen
zwischen solide und originell,
zwischen den alten Tugenden
und dem neuen Zahn der Zeit.
Nein, davor sind wir nicht gefeit.

Pendeln zwischen menschlich und maschinell -
Gefühle haben nichts zu suchen in dieser neuen, alten Welt.

Ich bin hin- und hergerissen,
diese verschiedenen Aspekte zu vereinen,
doch es gelingt mir nicht.

Eine Welt in der Schein und Sein
im Nebeldickicht verschwinden,
in der ein Gedanke nicht mal mehr
einen anderen findet,
in der der nächste Schritt einer zu viel sein kann,
in der Welt, die selbst ihr nicht (mehr) versteht,
sollen wir den Weg weisen.

In dieser Welt sollen wir uns selbst finden?
Und ihr fragt noch, warum das grotesk ist?

Wir brauchen endlich wieder einen Raum,
in dem unsere Herzen echt sind.
Wir brauchen nicht mehr und mehr an Materialismus.
Fragt euch lieber mal, was wir aus unserer eigenen Kraft tun.

Ich möchte sehen,
nicht gesehen werden.
Ich möchte gehen,
nicht gegangen werden.
Ich möchte selbst entscheiden,
wohin mein Weg mich führt,
und nicht nach B gehen,
nur weil sich das so gehört.

Komm' wir lösen die Regeln einfach auf.
Komm' wir verstellen uns einfach mal nicht mehr
und sehen dann, dass wir gut sind.
Richtig irgendwie und vielleicht auch ein bisschen falsch.
Aber das ist okay so.

In dieser neuen, alten Welt
muss der Kompass umgepolt werden.
Und wie soll'n wir das schaffen,
wenn nicht irgendwer mal anfängt!?

Silvana E. Schneider

DU NICHT

Ich wollte dich anpassen, sozialisieren
ein von mir gut befundenes Leben anbieten

Hinter mir steht die Gesellschaft

Ich wollte dich glücklich sehen
nach meiner Vorstellung prägen
für diese Zeit, diese Welt

Hinter mir steht die Gesellschaft

Ich wollte dein Tun leiten
mein Glück in deinem spiegeln
Unglück aussperren

Hinter mir steht die Gesellschaft

Doch etwas läuft schief

Du nimmst es nicht an
das erprobte Leben

Etwas läuft schief

Du weist ihn zurück
den fremden Stempel

Etwas läuft schief

Du willst Herr deines Tuns sein und deines Glücks
wachsen an eigener Erfahrung

Etwas läuft schief

Du nicht

René Kanzler

DAS GROSSE HELDENSTERBEN

Schaue doch auf deine Helden,
wie sie täglich um dich werben.
Diese lächerlich Verstellten,
lass' sie sterben, lass' sie sterben!
Können die als Vorbild gelten,
die mit giftverschmierten Scherben
deinen Lebensweg entstellten?
Lass' sie sterben! Lass' sie sterben!
Sie erschufen Lügenwelten,
um dich gleichsam zu verderben.
Die sich dir entgegenstellten,
lass' sie sterben, lass' sie sterben!
Wahre Größe, die ist selten,
Sie ist nimmer zu vererben.
Sie verdienen sich die Helden.
Alle and'ren, die lass sterben!

Daniel Mylow
ICH STELLE MIR DIE WELT VOR

Ich stelle mir die Welt vor
von unten betrachtet
und aus dem Blickwinkel derer
die den Morgen ohne Geld beginnen
Die Freiheit endet an den Kassen
nur mit den Banken und Aktienmärkten
haben wir unseren Frieden gemacht
bis in die Abziehbilder unserer Träume
Ich stelle mir die Welt vor
aus den schwarzen Fenstern
deines Herzens betrachtet
Diese Freiheit da oben
denkst du
muss grenzenlos sein
doch wenn du am Himmel ziehst
fällt er dir auf den Kopf

Ivana Rauchmann
DAS MISSVERSTÄNDNIS

Sie hängen.
Im ewigen Sommer des Lebens
Verstaubt und schwarz
Vor Wohlbefinden

Wo Eis nicht mehr kühlt
Wasser nicht befeuchtet
Wo Erfolg nicht befriedigt und
Schönheit schreit.

Sie hängen.
Im Missverständnis des Sommers.
Und verdörren
Weil sie den Herbst fürchten.

Demian

TRAUM EINES WAHNSINNIGEN

Überfordert schlafwandle ich,
Ein Träumer unter Blinden -
Denn das Sehen ist mir gar zu grausig
Und ich flehe:
Bleibe stehen, oh Zeit!

Was gestern eine große Mode,
Ist heute schon zerronnen:
Unzählige Menschen zieren den Planeten,
Doch kennen wir wirklich auch nur einen -
Gar uns selbst?

Alles ist möglich,
Nichts ist nötig:
Wir schwören auf Freiheit -
Freisein von allem,
Und sind doch nur ermattet:
Das Hamsterrad fordert seinen Tribut.

Ich träumte,
All' meinen Mut zu sammeln,
Bereit, für einen Moment auszubrechen:

Drum ließ ich los,
Verlor die Kontrolle,
Vertraute dem Leben –
Aber es war doch nur:
Der Traum eines Wahnsinnigen!

Wolfgang Rödig

ALLEINE DIE VORSTELLUNG

Seh' man gezwungen sich, sich auszumalen,
dass ringsumher nur noch Gesichter wär'n,
die mit der Sonne um die Wette strahlen,
würd' all das Gleißen wohl das Fürchten lehr'n.

So würde höchstwahrscheinlich es was werden
rein physikalisch oder nur bedingt
mit der Erhellung uns'rer Welt auf Erden,
die ja mit sich schon um Erleuchtung ringt.

Welch ein Genuss indes, sich vorzustellen,
dass jeder Mensch mit sich käm' überein,
die eig'ne Mien' nur so weit aufzuhellen,
dass sie getaucht in zarten Widerschein.

Marion Hartmann
MAHNUNG

„Kind, der Mensch hat alles doch verloren,
was bei alten Völkern wert und wichtig immer war,
dass wir alle für das Ganze hier geboren,
als Hüter dieser Erde immerdar.

Die Lehren aller Weisen sind vergessen,
die Ehrfurcht vor der Schöpfung ist nicht mehr,
von Macht und Geld der Mensch besessen,
fegt er mit Artensterben unsere Erde leer.

Doch, sieh, am Himmel schon erscheint ein neues Denken,
noch unfassbar, doch wird es höchste Zeit,
dies Denken wird zu Taten schreiten,
und heißt mit einem Wort – NOTWENDIGKEIT."

ES WIRD ETWAS KOMMEN

Es wird etwas kommen, morgen
vielleicht
das uns rettet
aus Abschieden, aus Blindenworten
das einen Krieg zerbricht
vielleicht, später

oder unsere Hände
warten
auf TIEFE, mein Treuer, denn das ist alles

alles und ein Kreis, der sich über uns
zusammenzieht wie eine Antwort

noch kann ich es sehen
das grelle Licht der Hoffnung
was für ein Wort

Ana Maria López (Eideen)
UNBEWAFFNETE LIEBE

Die Liebe
ist wehrlos,
unbewaffnet.

Was sollte sie abwehren, was
keinen Raum in ihrem Herzen
hätte?

Du kannst versuchen sie zu
verdrängen, zu vernichten, ignorieren,
sie wegzuräumen in vergessene
Schubladen.
Du kannst sie umbenennen, um
ihr den Schrecken zu nehmen.

Wie gewaltiges Meer wird sie
dich eines Tages überfluten.

Und ihr Schmerz wird unerträglich
sein, denn du wirst erkennen,
was du lange vergessen hattest:

Es ist meine Liebe, die ich
weggeworfen habe
wie ein ungeliebtes Kind,
welches seine Seele
vor der tödlichen Welt
verbirgt.

Mirani Meschkat
ÜBERMORGENLAND

eispanzer will ich brechen hören,
und salzigwarme wasserfluten
sollen, aus dunkelhaft entsprungen,
wie donner von den bergen fallen
und über felsenkämme stürzen!
hilf mir die leidenszeit verkürzen,
ich brauch schon heute nachtigallen!
nein, mein herz ist nicht bezwungen,
noch kann ich für die freiheit bluten,
ihr immer neu die treue schwören!

ja, es braucht mut sich loszusprechen
von allem, was uns niederdrückt.
streif den gehorsam vom gesicht,
bevor die not dich überrollt,
sie dir das letzte hemd ausziehen,
und lass uns aus der knechtschaft fliehen!
versteck im mantelsaum dein gold
glaub nichts mehr, was man dir verspricht,
nicht wir, die andren sind verrückt,
und ihre taten sind verbrechen!

komm mit ins übermorgenland,
wo unsre mühen früchte tragen
und nicht die gier der reichen nähren,
wo niemand stirbt, weil andre prassen!
hier zählt die zeit nochmal von vorn,
wir leben ohne angst und zorn,
kein mensch muss einen andren hassen
und damit neues leid gebären.
hier gibts nicht mehr die alten plagen,
die götzenbilder sind verbrannt!

Brian Brazzil
Für die Verse von
Gottfried Benn

Auf der Flucht vor den weißen Gedichten,
Blütenblätter,
nur Farbe im Wind,

hin zu den Gedanken, den perfekten
deren Knäufe aus schwarzem Silber sind.

Ein Opfer für die Anmut jedes Satzes:
Doch eher glatt, statt wirklich scharf.
Nur ein Kratzer, auf den Wunden, den Händen,
unterhalb von balsamierten Verbänden –
für Heilung weiter nur Bedarf.

Ein funkelndes Gespinst gestreckter Sätze,
die Insekten des Pathos wehren sich nicht,
aber manche entkommen
und fliegen und summen
und strahlen im letzten Burgunderlicht,

über tiefschwarzen Halmen,
formlos zu Tage,
als Meer und Brandung
im Gedicht.

. . .als Wasser und Gischt der schwärzesten Farbe,
in deren Umrissen die Weisheit erlischt
zu einem schwarzen Licht
mit weißer Narbe
tief vermischt.

ÜBER DAS PROJEKT

SternenBlick ist ein Projekt, das Mitte 2013 von Poesie-begeisterten initiiert wurde. Ziel ist es zeitgenössische Poesie zu fördern, unter anderem durch sorgfältig erstellte Bücher — sowohl inhaltlich, als auch optisch. Daneben ist der Ansatz der Gemeinnützigkeit eine zentrale Position von SternenBlick. Sämtliche Erlöse, auch von diesem Band, fließen daher einer Organisation zu, die die Spenden ihrerseits an bedürftige Kinder verteilt.

Alle Veröffentlichungen, aktuelle Ausschreibungen und der Spendenstatus sind der Homepage zu entnehmen:

www.sternenblick.org

Näher am poetischen Herzen

HERAUSGEBERIN: STEPHANIE MATTNER

Die Wahlberlinerin studierte Neuere deutsche Philologie mit Schwerpunkt auf Editionswissenschaft. Derzeit arbeitet sie in einem etablierten Verlag. „SternenBlick" ist ein Herzensprojekt, das die Leidenschaft für Dichtkunst und Buchgestaltung vereint.

MITHERAUSGEBER: PEER DE BEER

Der Dichter und Moderator fand erst spät seinen Weg zur Poesie. Aus seiner Begeisterung entwickelte sich die Radiosendung „Stoned Poets", die auf „Radiofabrik Salzburg" regelmäßig zu hören ist (2015 mit dem Radioschorsch ausgezeichnet). Angetan von der herausgeberischen Qualität der SternenBlick-Reihe, freut sich der Autor an der Realisierung eines Bandes beteiligt zu sein.

Danksagung

Wir danken allen Autoren und Autorinnen, die sich zuammen mit uns entschieden haben, ihr Schweigen über die gesellschaftlichen Problematiken mit uns zu brechen. Entstanden ist ein einzigartiger Band, der kompromisslos ehrlich ist und daher berührt und bewegt.

INHALTSVERZEICHNIS

Kapitel 2 – Schöne neue Welt

Kapitel 3 – Lichtblind